I0467268

ABOUT THIS MANUSCRIPT

Title: Rechenbuch (Arithmetic Book)
Author: Unknown
Origin: Bavaria-Austria
Date: 1510
Language: Germanic
Folio dimensions: 153 x 101 mm
Location: Heidelberg University Library (Cod Pal. germ. 618)

Facsimile compiled by Palatino Press
www.palatinopress.com

RECHENBUCH

kopfer mole~~~~ gartz finf obels

~~~~

maister bastiann von nay

kirchenn anoff schilling

maister bastiann von dem

belrem Jacrb~ und 20 schilling

Der sättler von dem beltenn

120 kister schenns maler am

graben ~~ schilling

anolf

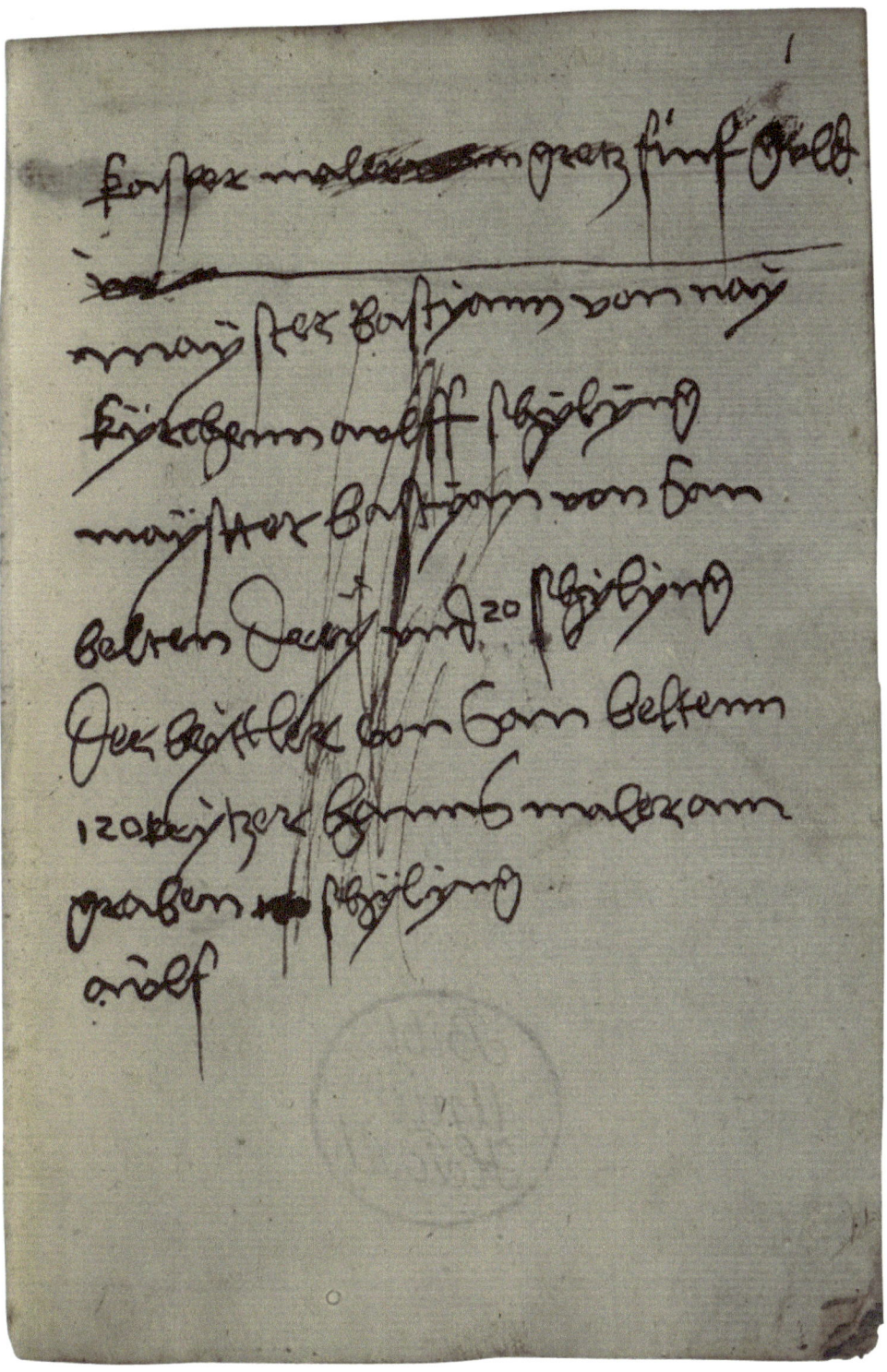

2

Jtem maister
stapfer v güldyn

Jtem my maist paster
xi schilling vnd kreütz

Jtem maister pastern
zw santt bilte xxiiij
stüber

Jtem der bitler xxi
kreützer zw sant
bilte

Item Jaspar zü haus
züm Krüben xi
schilling

Item maister erha
zü v schilling

Item maister Blasyus
viiij schilling

Item die Jungen am
i halben gülden

mer iiij gülden und

3

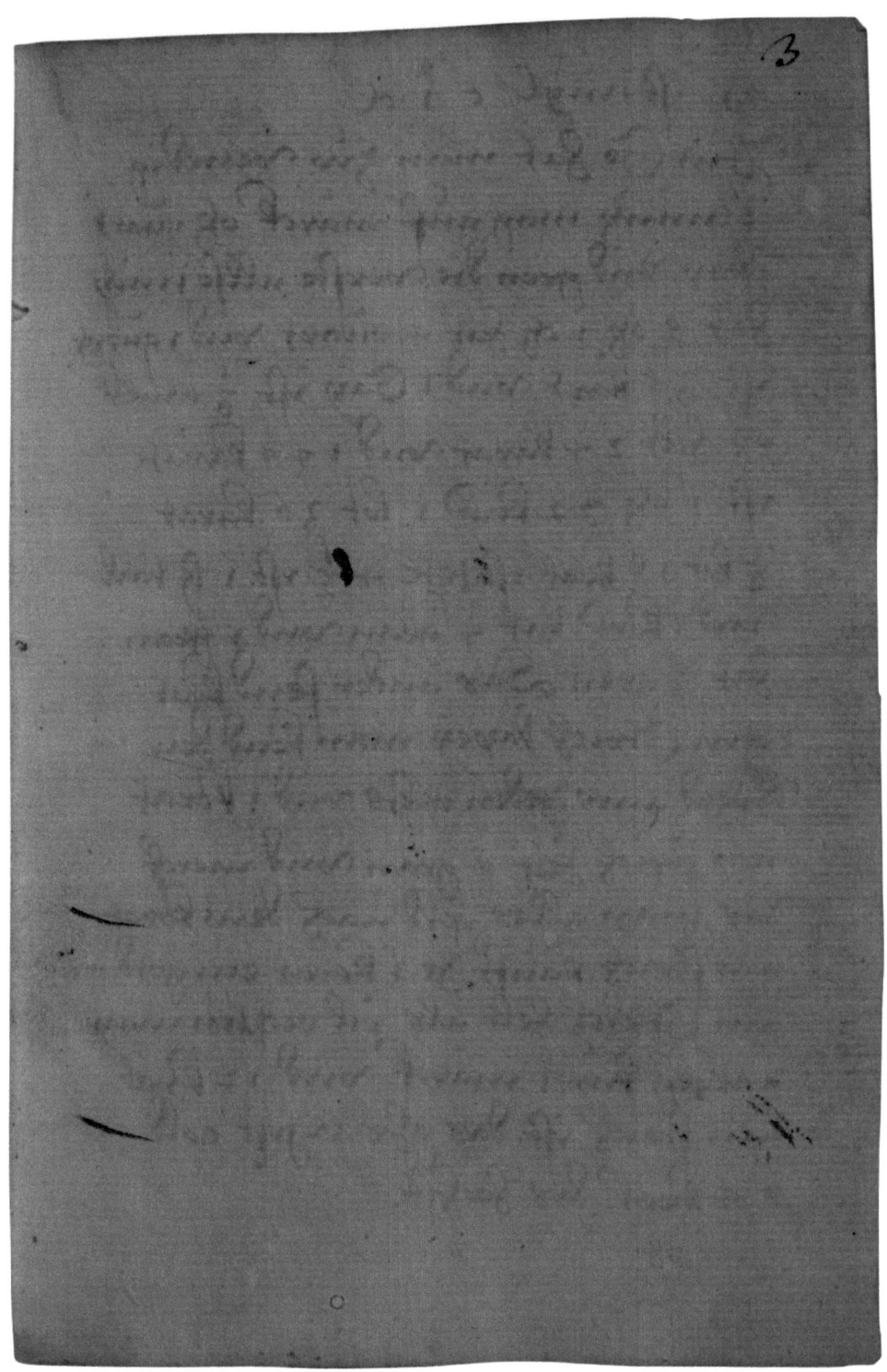

az ist 1 mÿgl c 1 cl

Item So hat man zů venedig
1 müntz mag auf marck oz quart
gran vnd gren die werste allso 1 müz
hat 8 oz 1 oz hat 4 quart vnd 1 quort
ist 36 kart vnd 1 Saÿ ist $\frac{1}{6}$ aner
oz helt 24 karat vnd 144 karat
ist 1 oz 72 krat 1 lot 36 karat
$\frac{1}{2}$ lot 18 krat ist 1 qntl 4 $\frac{1}{2}$ ist 1 ß tail
vnd 1 kort hat 4 gran vnd 1 gran
hat 3 gren Das ander send krat
am Streich dapeÿ man kend den
werd ains jeden gelts vnd 1 korat
am streich helt 4 gran vnd merck
das man alles gold nach dem korat
am streich kauft. Je 1 korat ein gold
am Streich helt als vil rechten man
albeg für 1 marck vnd 12 krat
am streich ist das gringist gold
24 krat das hochst

mal ist

1—0—0
1—1—1
2—2—4
3—3—9
4—4—16
5—5—25
6—6—36
7—7—49
8—8—~~45~~64
9—9—81
10—01—100

---

2 3 6
2 4 8
2 5 10
2 6 12
2 7 14
2 8 16
2 9 18
2 10 20

3—4—12
3—5—15
3—6—18
3—7—21
3—8—24
3—9—27
3—10—30

4—5—20
4—6—24
4—7—28
4—8—32
4—9—36
4—10—40

5 — 6 — 30
5 — 7 — 35
5 — 8 — 40
5 — 9 — 45
5 10 50

6 — 7 — 42
6 — 8 — 48
6 — 9 — 54
6 — 10 — 60

7 — 8 — 56
7 — 9 — 63
7 — 10 — 70

8 — 9 — 72
8 — 10 — 80

9 — 10 — 90

Die prob von

7
14
21
28
35
42
49
56
63
70

milian Tausent

mal

1 2 3 4 5 6 7 8 9 10 100

X mal souil

10 mal souil

100 mal souil

X tausent mal souil

10 tausent mal souil

taus mol taus souil

X taus mal taus souil

10 taus mol taus souil

taus taus mal souil

Multiplicirn mit seiner prob davon

```
  3 2 4
      5 2 | 3
1 6 2 0 5 | 3

      6 3 0
        8 0 | 0
5 0 4 0 1 | 0

  9 0
  1 2 6 | 2
1 8 0 5 | 2
9 0

    4 2
    3 9
  3 7 8
1 2 6     0 | 0
1 6 3 8   4 | 0

          9 7 6 5 4
          7 5 9 8 6
        5 8 5 9 2 4
      7 8 1 2 3 2        4 | 4
    8 7 8 8 8 6          1 | 4
  4 8 8 2 7 0
6 8 3 5 7 8
7 4 2 0 3 3 6 8 4 4
```

6

123456789
123456789

1111111101
987654312
864197523
740740734
617283945
493827156
370370367
246913578
123456789

15241578750190521

1	1
1	1

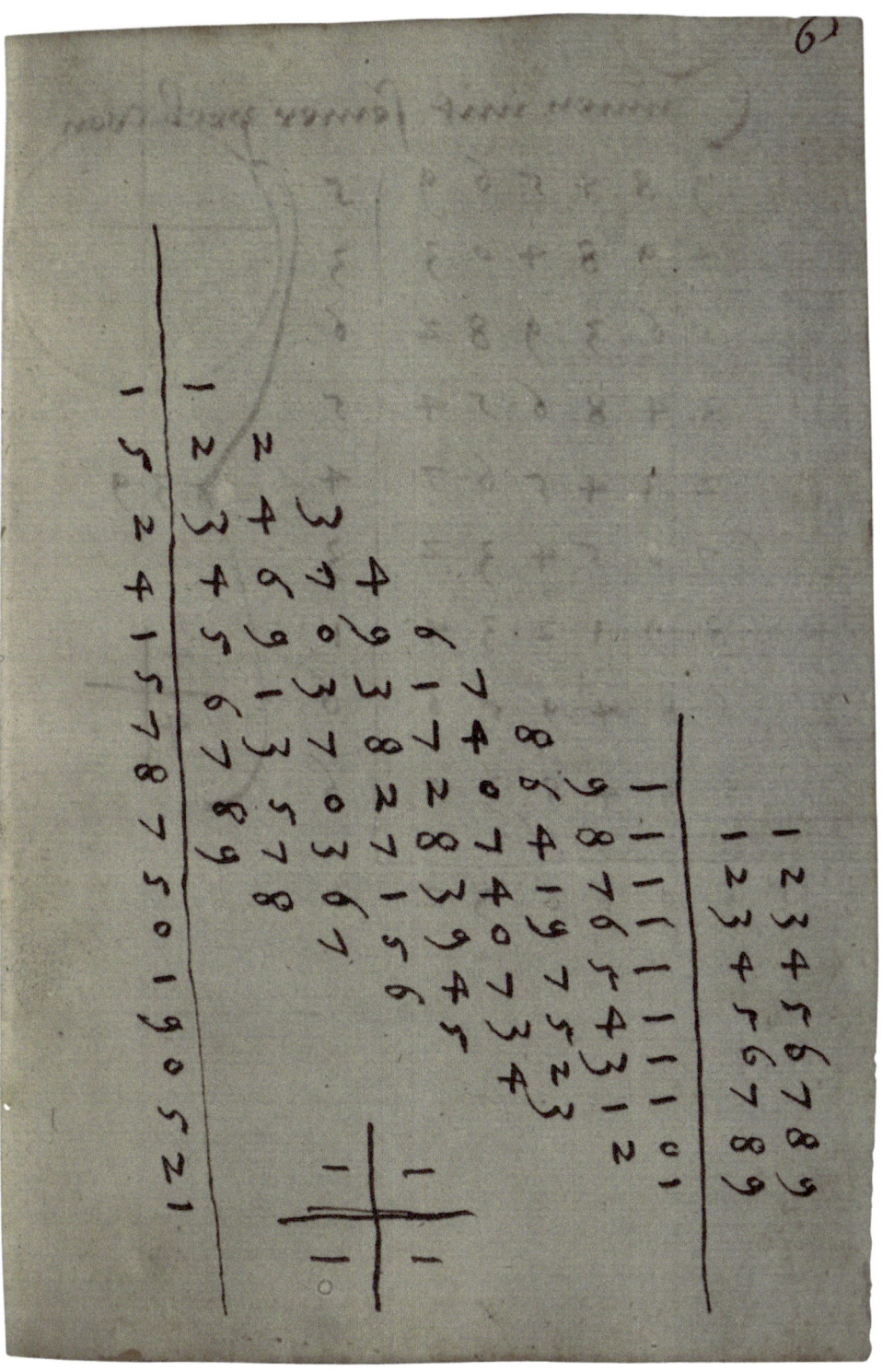

Summen mit seiner prob von

9	8	4	5	6	9	5
4	9	8	4	0	3	3
5	6	3	9	8	2	6
3	4	8	6	5	4	5
2	3	4	5	6	7	4
7	6	5	4	3	2	3
8	9	1	2	3	4	1
6	8	4	9	5	6	6
9	3	4	8	3	5	6

5 9 0 6 6 3 2

39

4 |
—
4 |

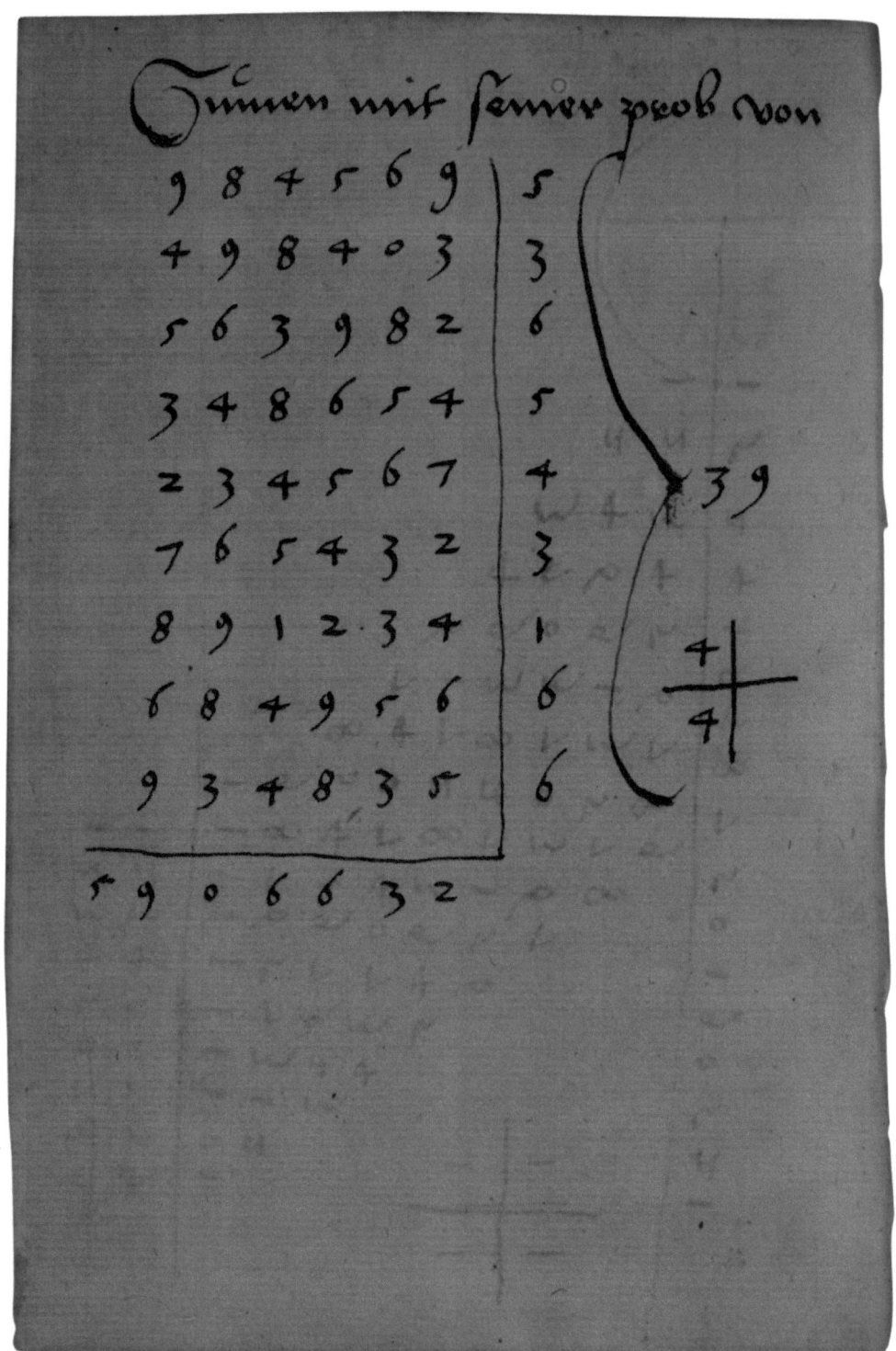

Sūmen mit seiner prob

1	2	3	4	5	6	7	8	9	1
2	1	4	5	6	7	9	3	8	4
3	0	9	8	4	9	2	3	7	5
4	5	1	2	3	4	3	7	6	5
5	6	8	9	4	9	8	0	5	4
6	7	8	9	1	2	3	2	4	6
7	8	9	1	0	4	2	5	3	0
8	9	1	2	3	4	5	6	2	1
9	1	2	3	4	5	6	7	1	6
1	2	3	4	5	6	7	8	9	1

5 0 6 3 1 1 1 7 4 4

33

$\frac{5}{5}$

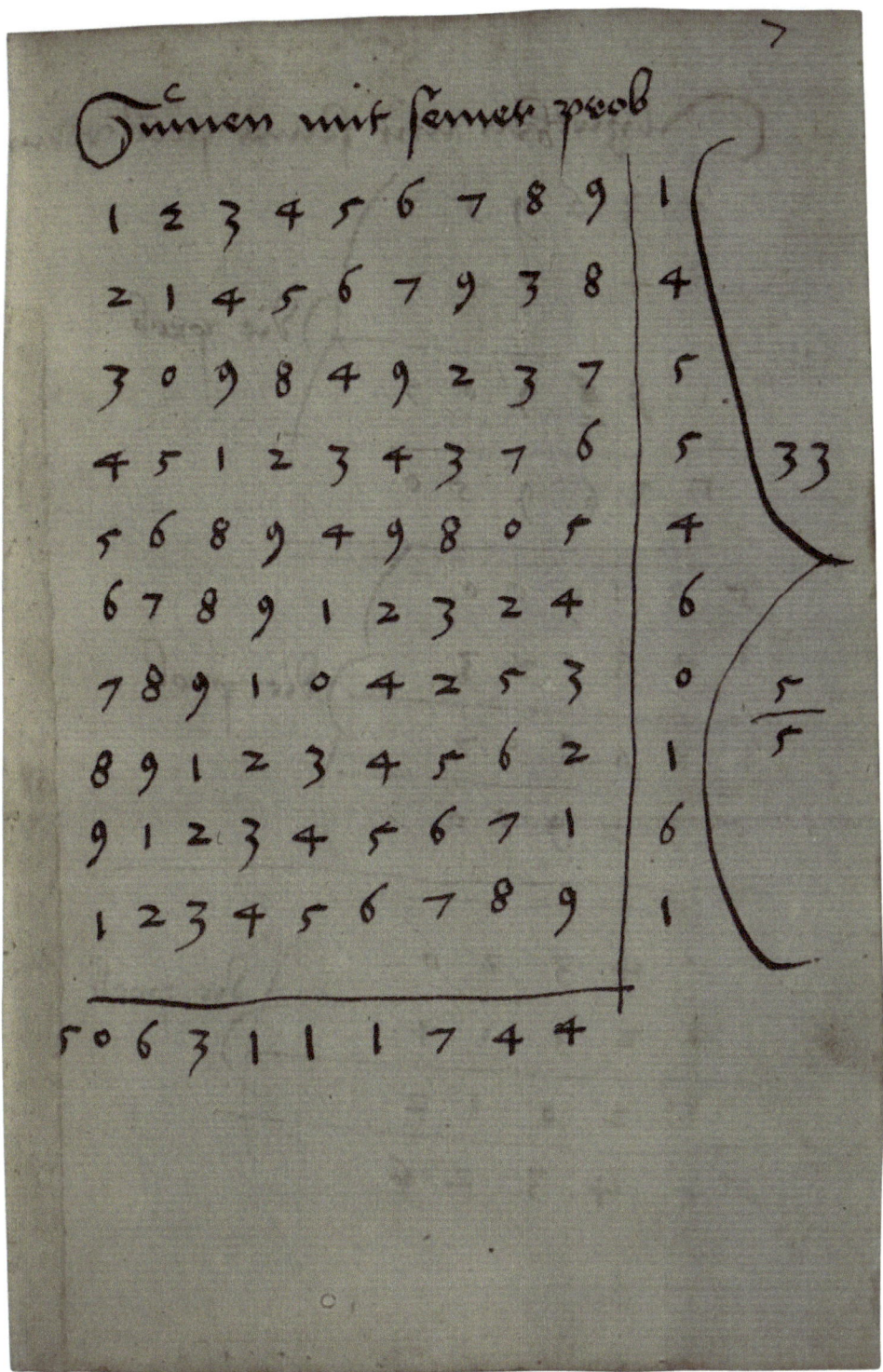

Abziechen mit seiner prob vorm

5	3	6	9	5	0	
3	4	2	0	4	3	die prob
1	8	8 4	9	0	7	
5	3	6	9	5	0	

5	3	2	9	5	0	
3	4	6	0	4	3	die prob
1	8	6	9	0	7	
5	3	2	9	5	0	

5	4	3	2	6	die prob
4	2	3	1	4	
1	2	0	1	2	
5	4	3	2	6	

Abtziechen mit seiner prob

7 0 0 0 1 2 0 5 0 0 3 9 4 1 6
6 6 1 0 5 6 4 0 1 6 4 3 9 2
3 8 9 5 5 6 4 8 3 9 0 2 4 prob
7 0 0 0 1 2 0 5 0 0 3 4 1 6

6 5 3 2 0 5 3 5 7 4 7 8
5 0 9 1 9 8 6 4 8 0 9 6
1 4 4 0 0 6 7 0 9 3 8 2 prob
6 5 3 2 0 5 3 5 7 4 7 8

7 6 3 5 9 7 6 3
5 4 7 6 9 2 3 5
2 1 5 9 0 5 2 8 prob
7 6 3 5 9 7 6 3

Dividiern mit seiner prob sind

1 1 1 8 3 6 7 9 2 2 2 2 2	4 1 8 3 9	0 | 1 2 | 1
1 2 1 7 4 8 5 9 3 6 3 3 3 3 3 3 3	2 4 9 5 3 1 2	1 | 3 3 | 3
1 2 1 3 3 1 9 0 5 1 5 7 6 4 4 4 4 4 4 4	2 2 6 2 8 9 4	4 | 2 4 | 2

nim die prob mit siben als
zum multiplicirn van erst aus
dem quartieren darnach aus
dem tailer und was aus paider
zallen uber bleybt das multi
plicier mit einander und wirf
aber 7 daraus sy alls offt
magst beleybt war im Rest

So addier dar obe damit zue
und so aus der getailten zal auch
souil khumbt so ist er recht getailt

---

1 4 1 3 3 3
2 5 1 4 5 6 3 8 3 | 4291276
5 5 5 5 5 5 5

---

3 8 1 4
3 9 0 5 5 7 0 | 65961
6 6 6 6 6 6

---

1 1 2 6
4 5 3 8 4 3 0 7 | 622043
7 7 7 7 7 7

2	6
0	6

---

2 1 3 3 6 3
5 3 7 9 5 8 7 2 | 6724484
8 8 8 8 8 8 8

4	4
1	4

---

6 | 5
2 | 3

8 5 1 5
4 5 0 1 7 6 5 4 | 5 0 0 1 9 6 1
9 9 9 9 9 9 9

---

3 7 6 8 9 0 | 3 7 6 8 9 0
1 1 1 1 1 0

---

9 3 7 6 0 8 7 (

2 | 6
4 | 0 0

1
1 5 2 4 7 1 6 (8 5 2 3 7 1
9 3 7 6 0 8 7
1 1 1 1 1 1 1
1 1 1 1 1

10

10

45

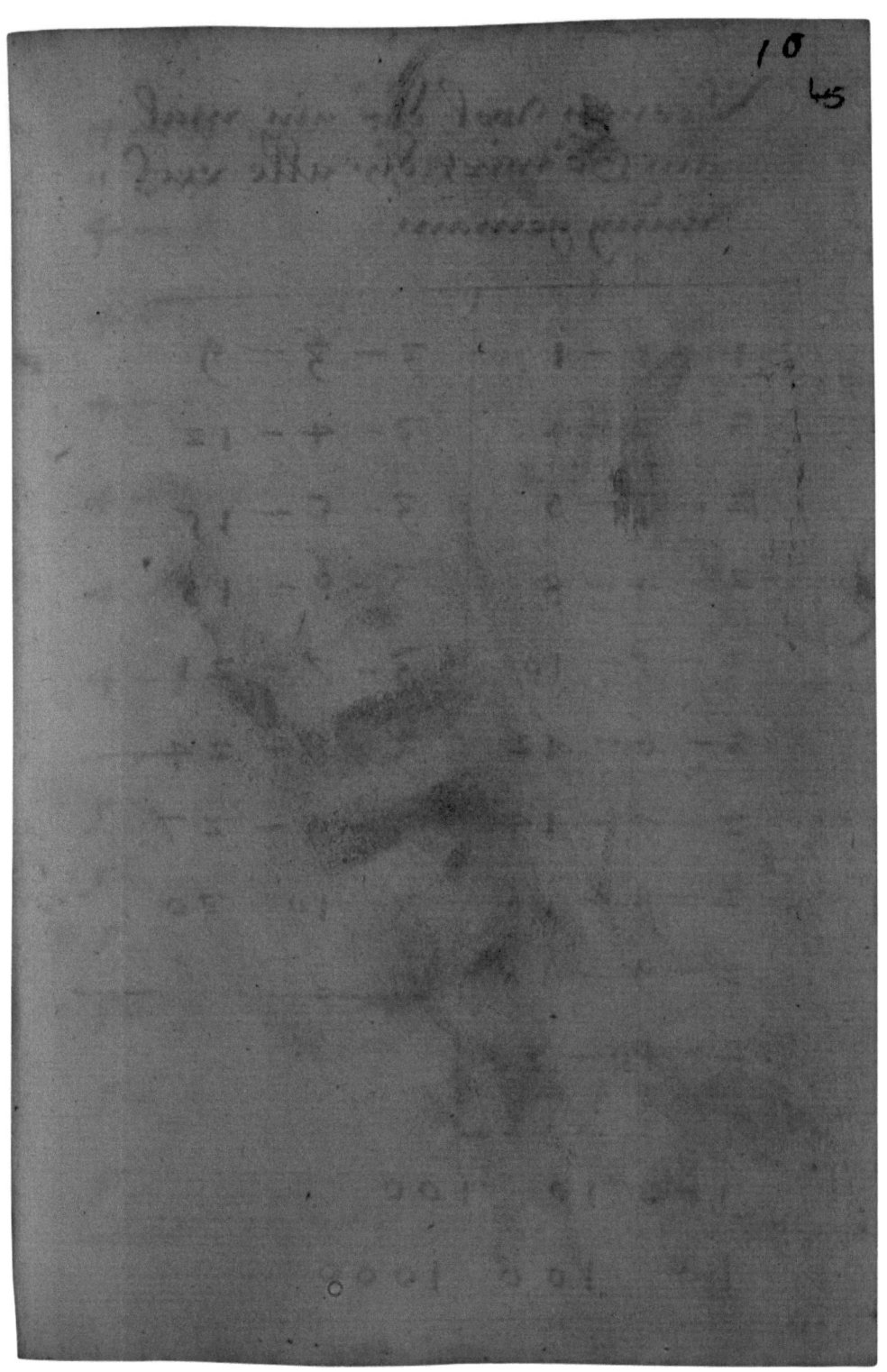

Lernen wol das ain mal ain So wirt dir alle rech=
nung gemain

1—1—1	3—3—9
2—2—4	3—4—12
2—3—6	3—5—15
2—4—8	3—6—18
2—5—10	3—7—21
2—6—12	3—8—24
2—7—14	3—9—27
2—8—16	3 10 30
2—9—18	
2—10—20	

10	10	100
10	100	1000

11

46

4 – 4 – 16

4 – 5 – 20

4 – 6 – 24

4 – 7 – 28

4 – 8 – 32

4 – 9 – 36

4 – 10 40

5 – 5 – 25

5 – 6 – 30

5 – 7 – 35

5 – 8 – 40

5 – 9 – 45

5 – 10 – 50

6 – 6 – 36

6 – 7 – 42

6 – 8 – 48

6 – 9 – 54

6 – 10 – 60

7 – 7 – 49

7 – 8 – 56

7 – 9 – 63

7 – 10 – 70

8 – 8 – 64

8 – 9 – 72

8 – 10 – 80

9 9 81

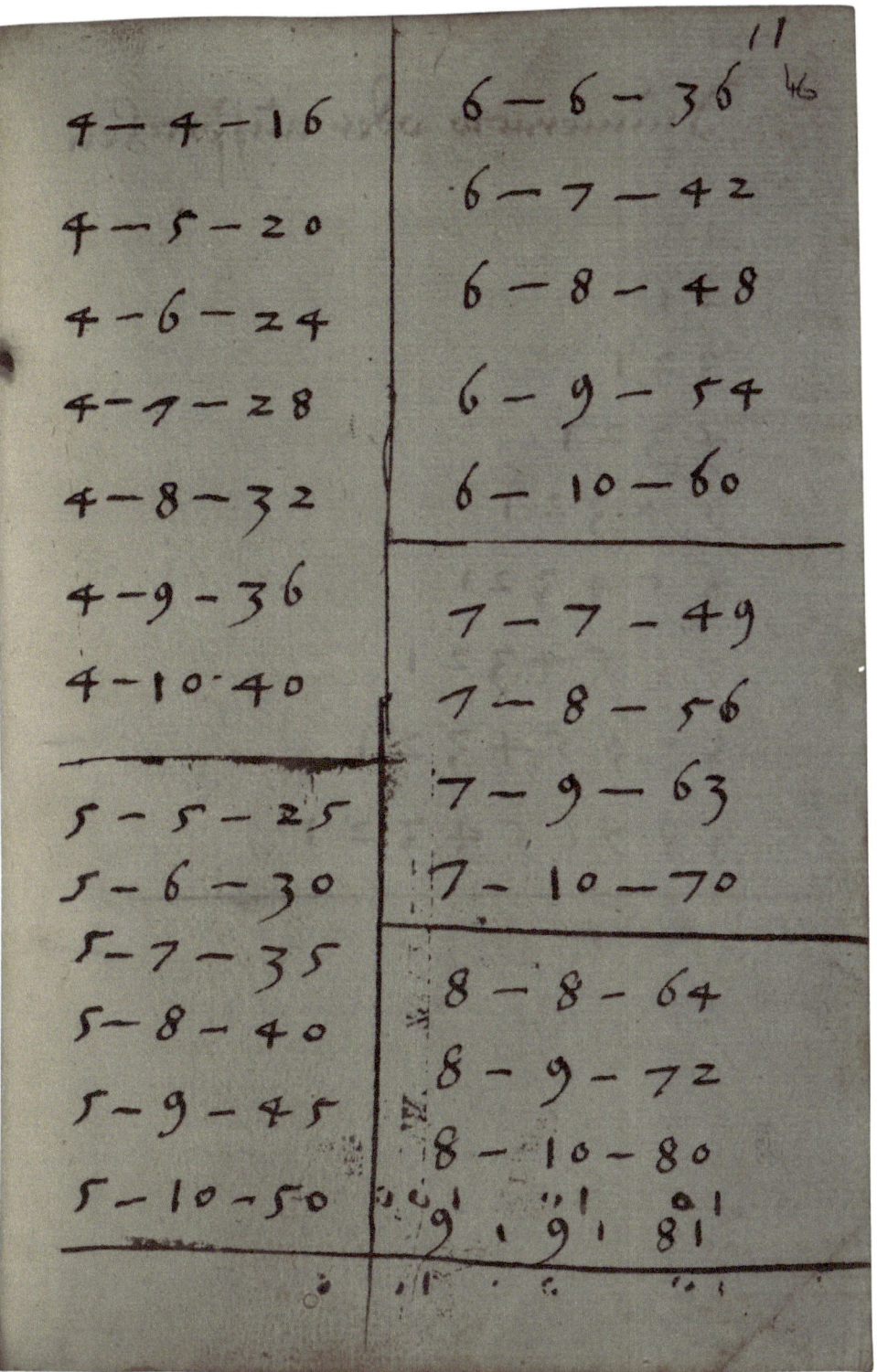

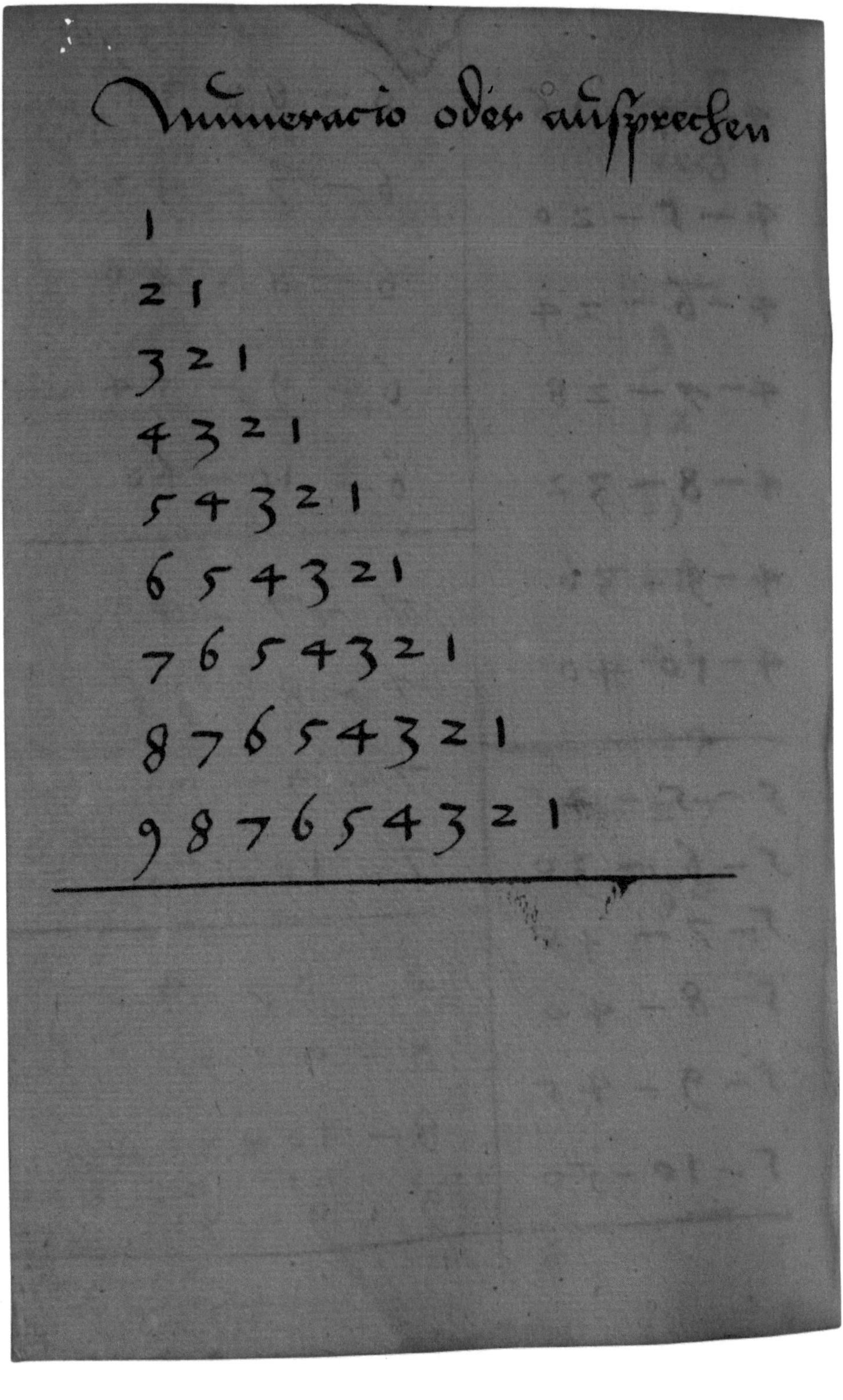
Numeracio oder außsprechen

1

21

321

4321

54321

654321

7654321

87654321

987654321

11 verso

Summiren das Erst species
haist zu samenthuen vnnd
das ist wan man vil zal zu
samen thuet vnnd wirt an
gefangen bey der Rechten hand
allso Exempel

12345	7/7
1234	
123	
12	
13714	

Summa

6 7 8 9 4 6
3 6 7 8 2 1
___
3 1 1 1 2 5

4/4

1 2 3 4 6 9
7 8 5 6 7 1
___
3 3 7 7 9 8

12 verso

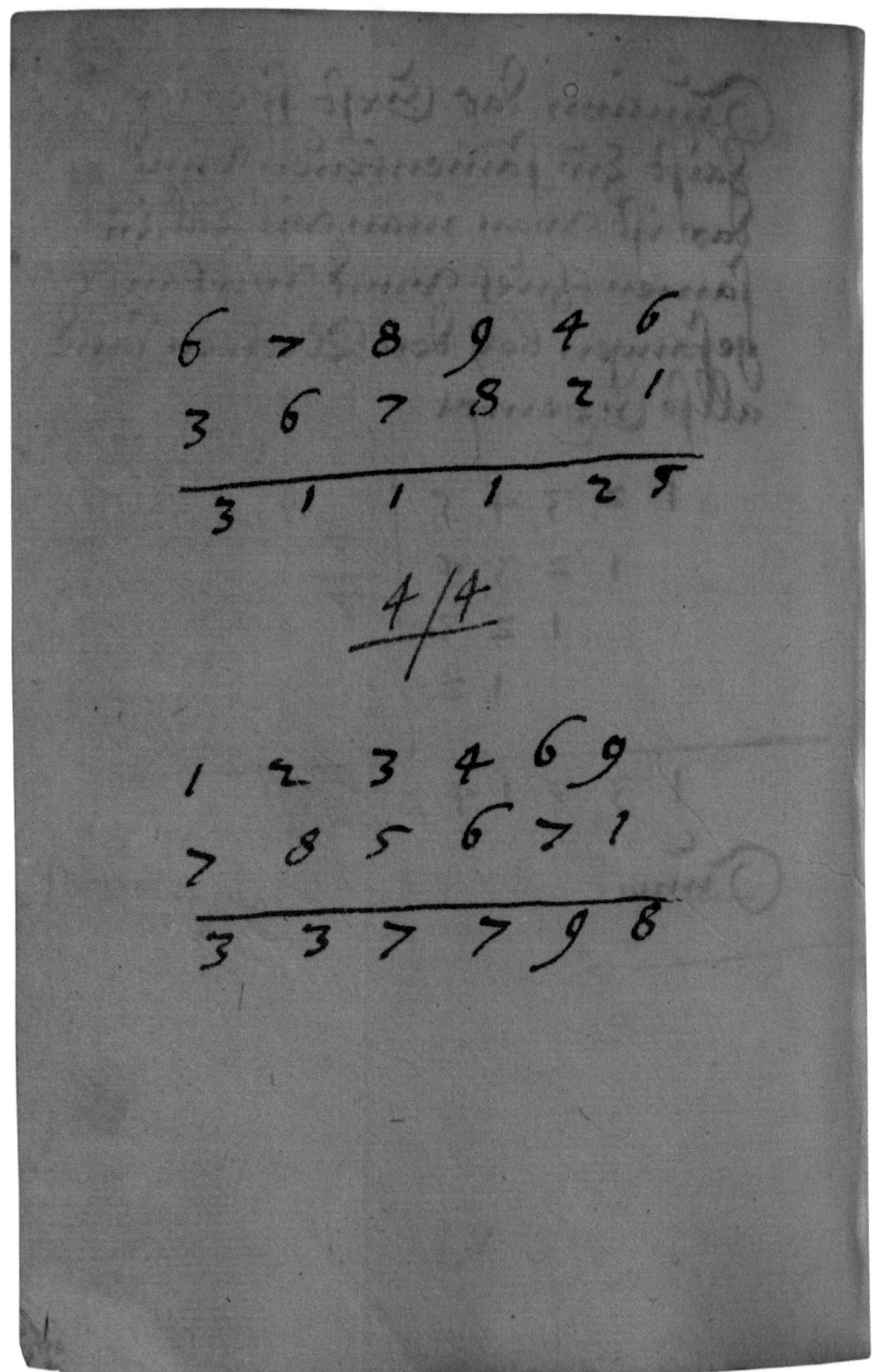

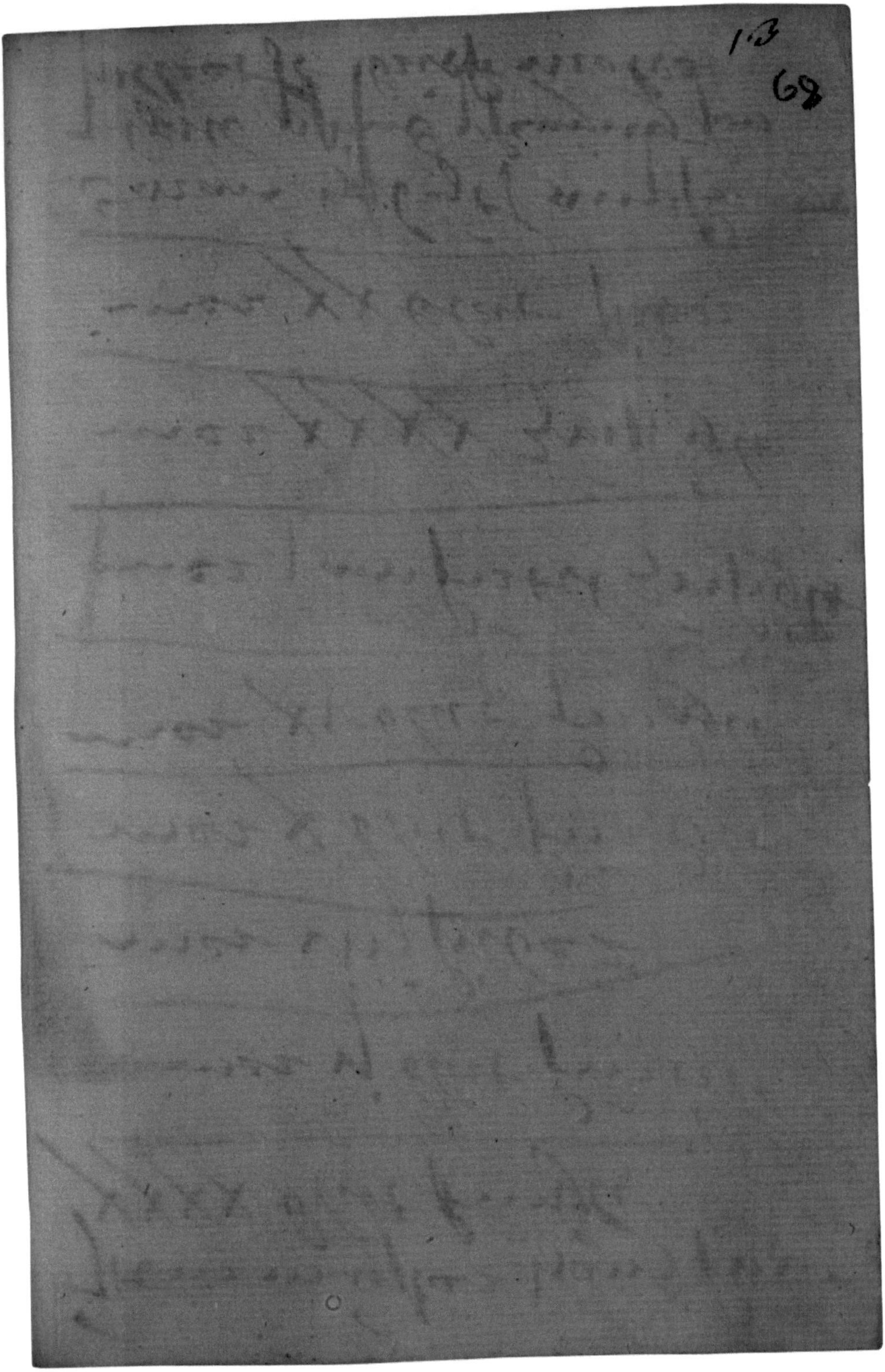

13 recto

Item maister hans frey
xxxx blat fein golt

mer vj blat fein golt

mer iiij silber

mer x blat fein golt

mer xv blat fein golt

mer j ain fiertel zwischgolt

mer xxxx zwischgolt

mer xx blat silber

Daran hab ich empfangen
j halb pfund pfenig von
albrecht brief moler

Jtem waist ertappe
ist mir stoln iii
₰ vnd pfennyng
vnd pis yzt

mer hat er xx blut
zuzchylt

89
fl

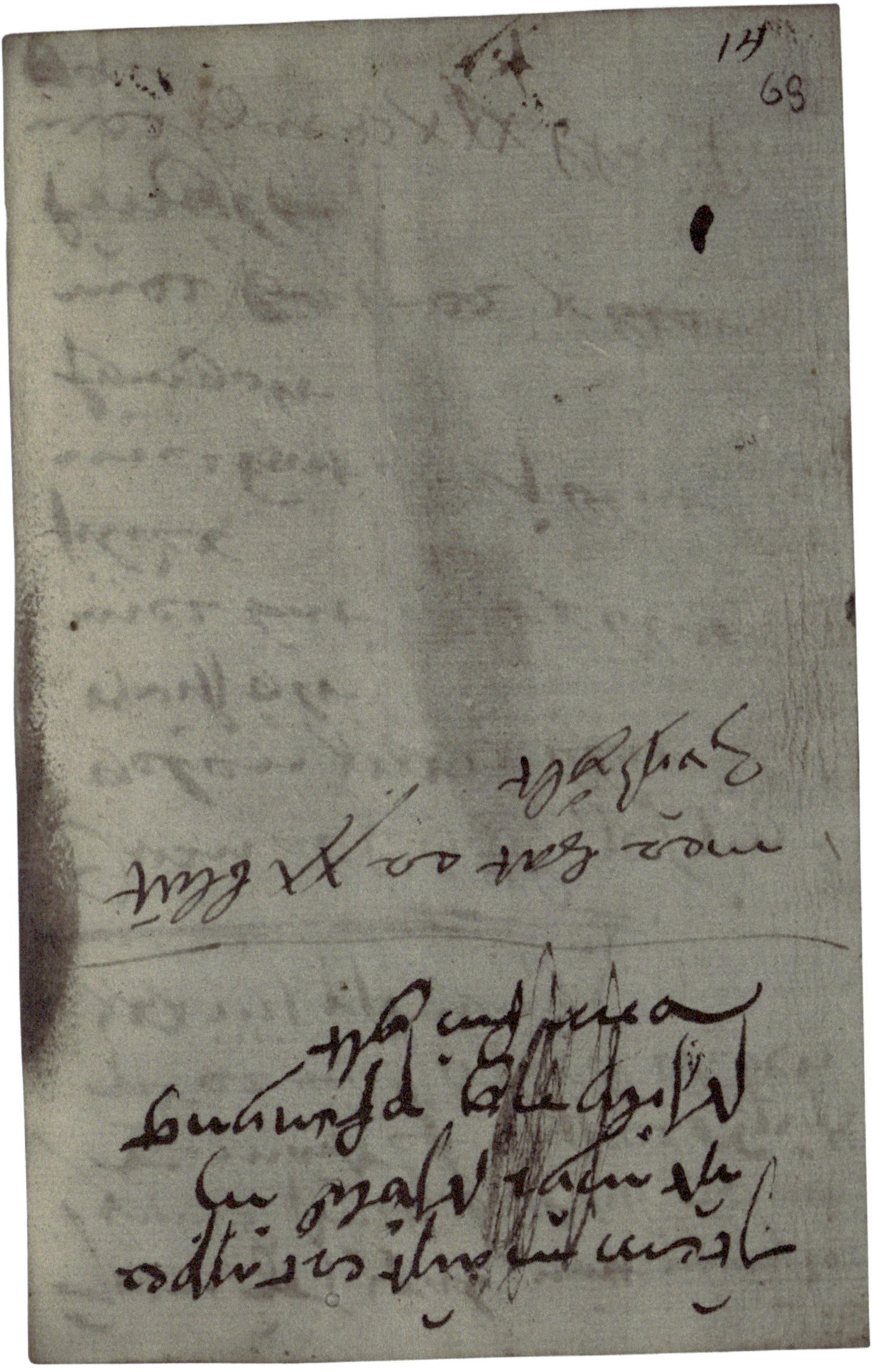

from ãch wal mitt mũster
baũ hizth hetab gerait
er mait es cyper hũsh
ht er mit shild eliben
xxiiij schwing

Jtem ar sh gab hch hm
geben xxx blat
roishõte
mer hat es er blat
silber
mer hat er ij blut
fingolt
mer hat er x blat
fingolt
mer hat xx x xx blat fin
golt

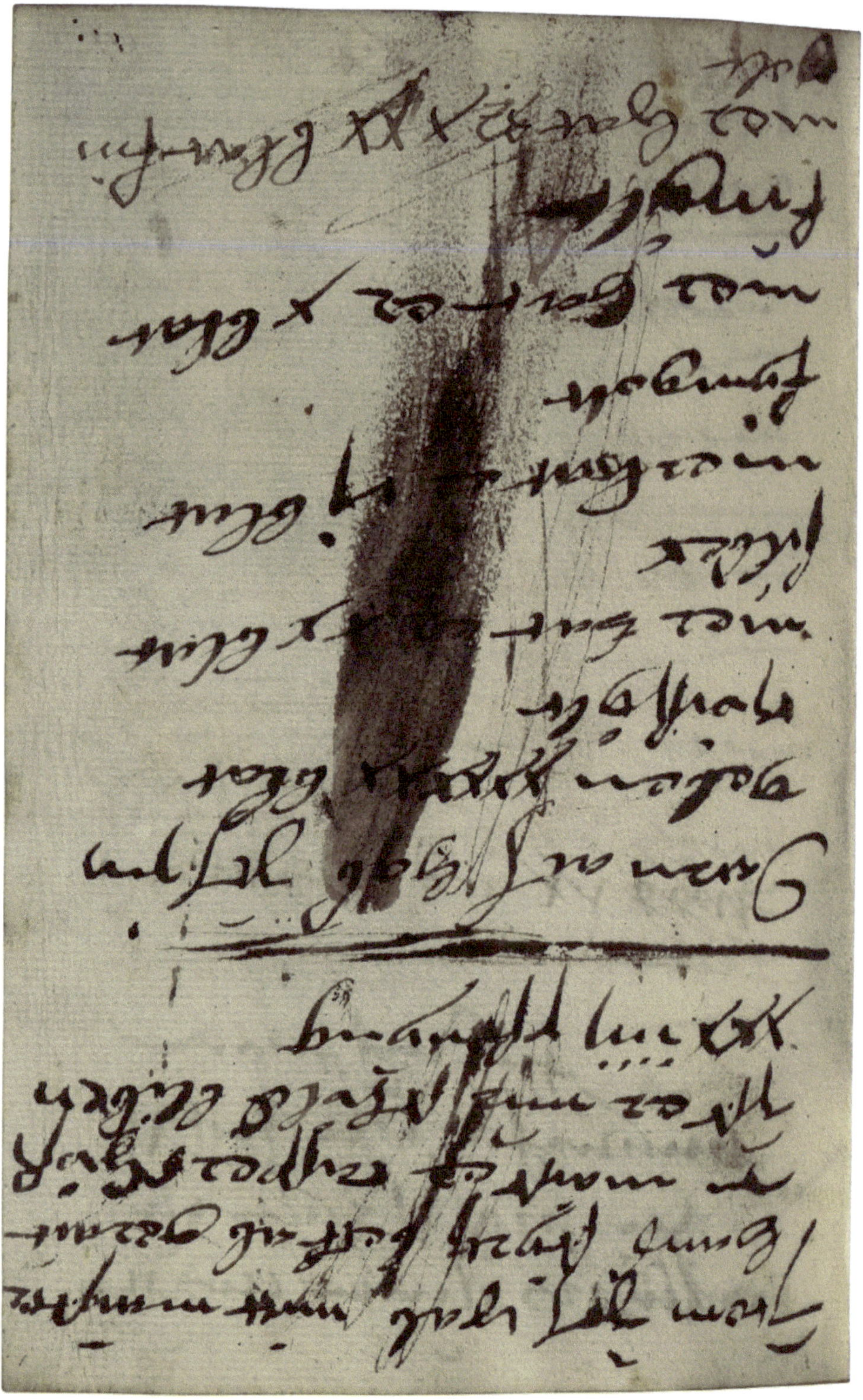

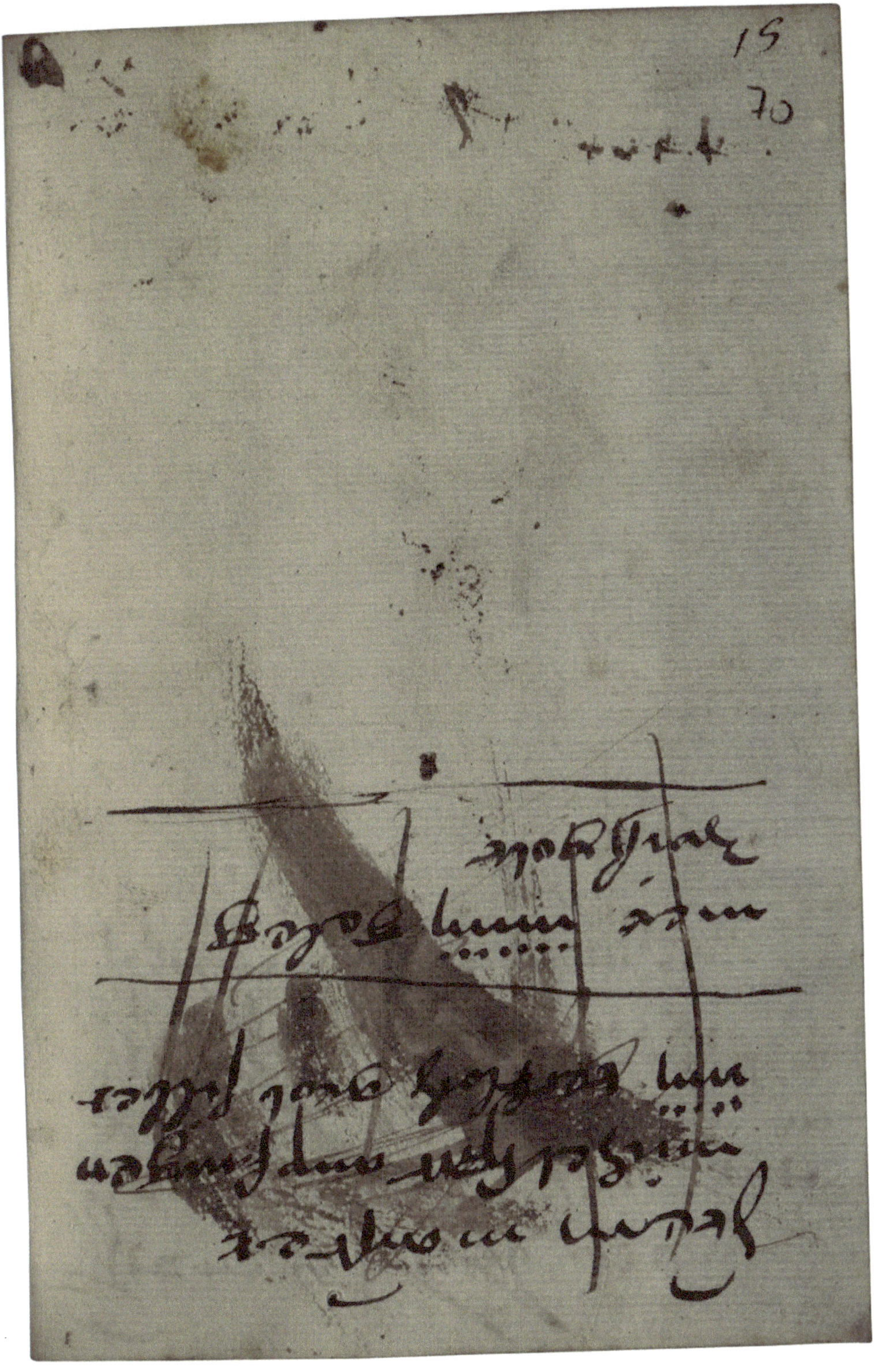

15 recto

Item ich hab geben
am suntag for sant
pals tag iͤ ac mir
th... gulden vi
schiling xxii penig

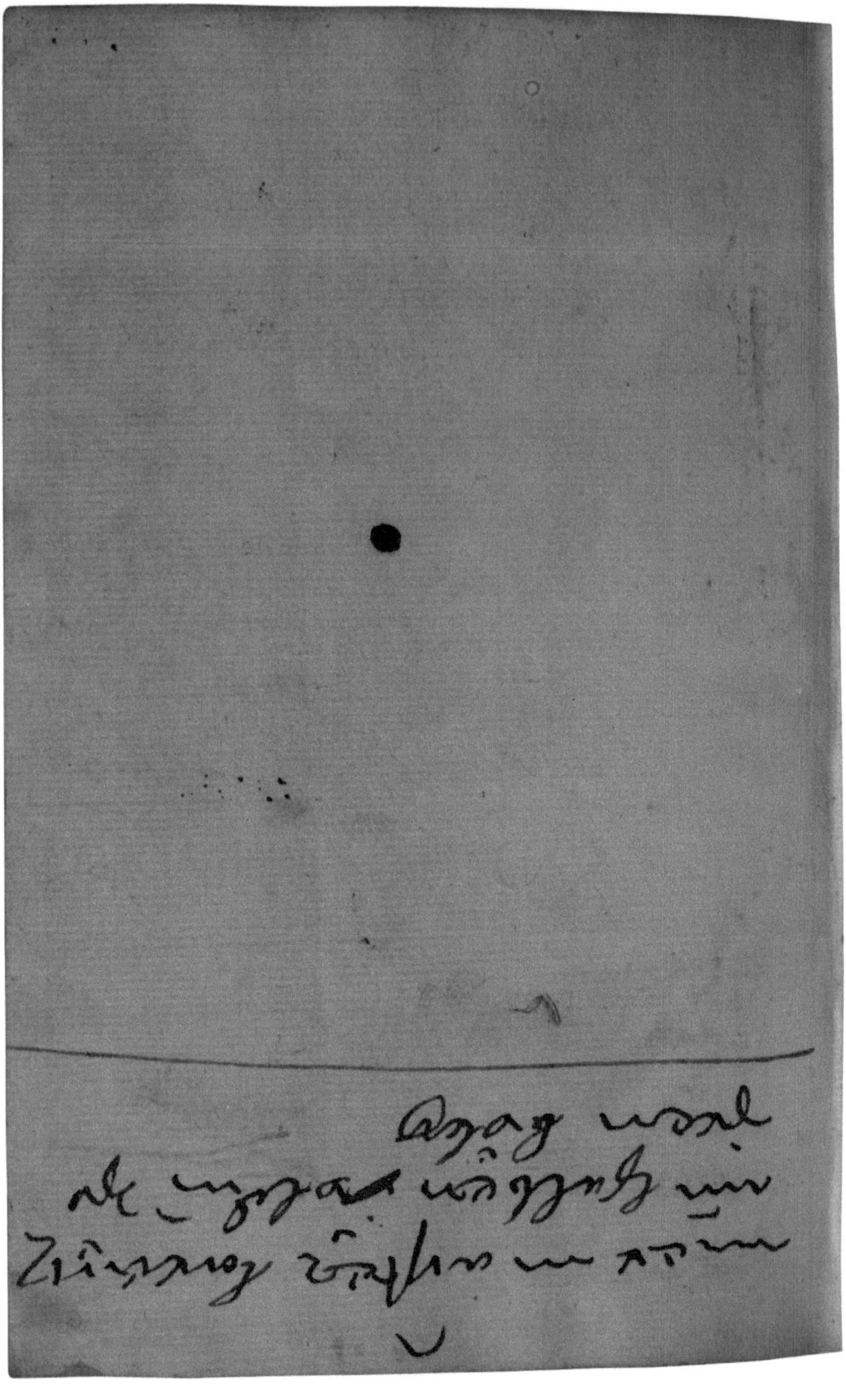
mir im ersten Versuch
um halben Gulden zu
[illegible]

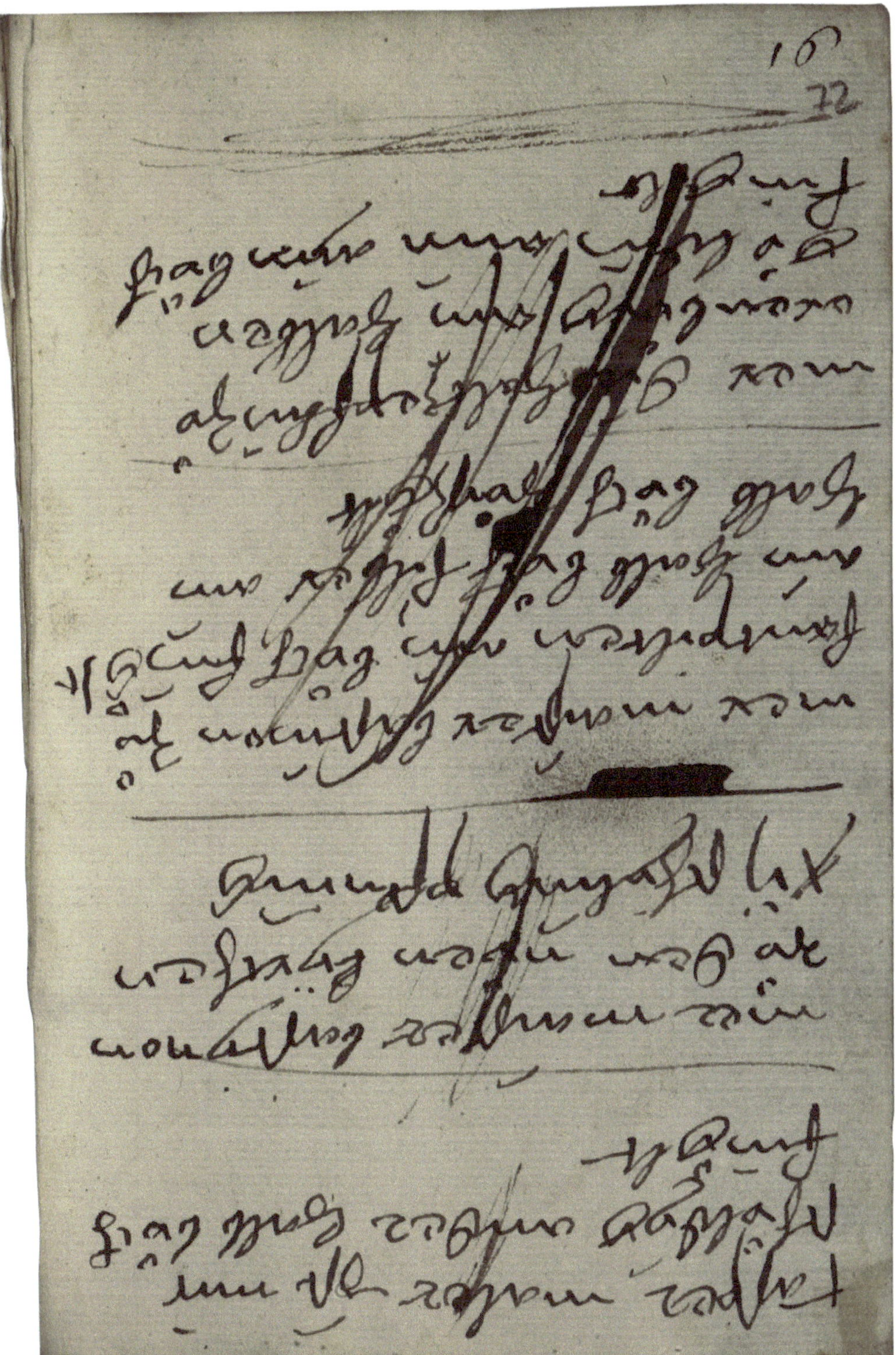

16 recto

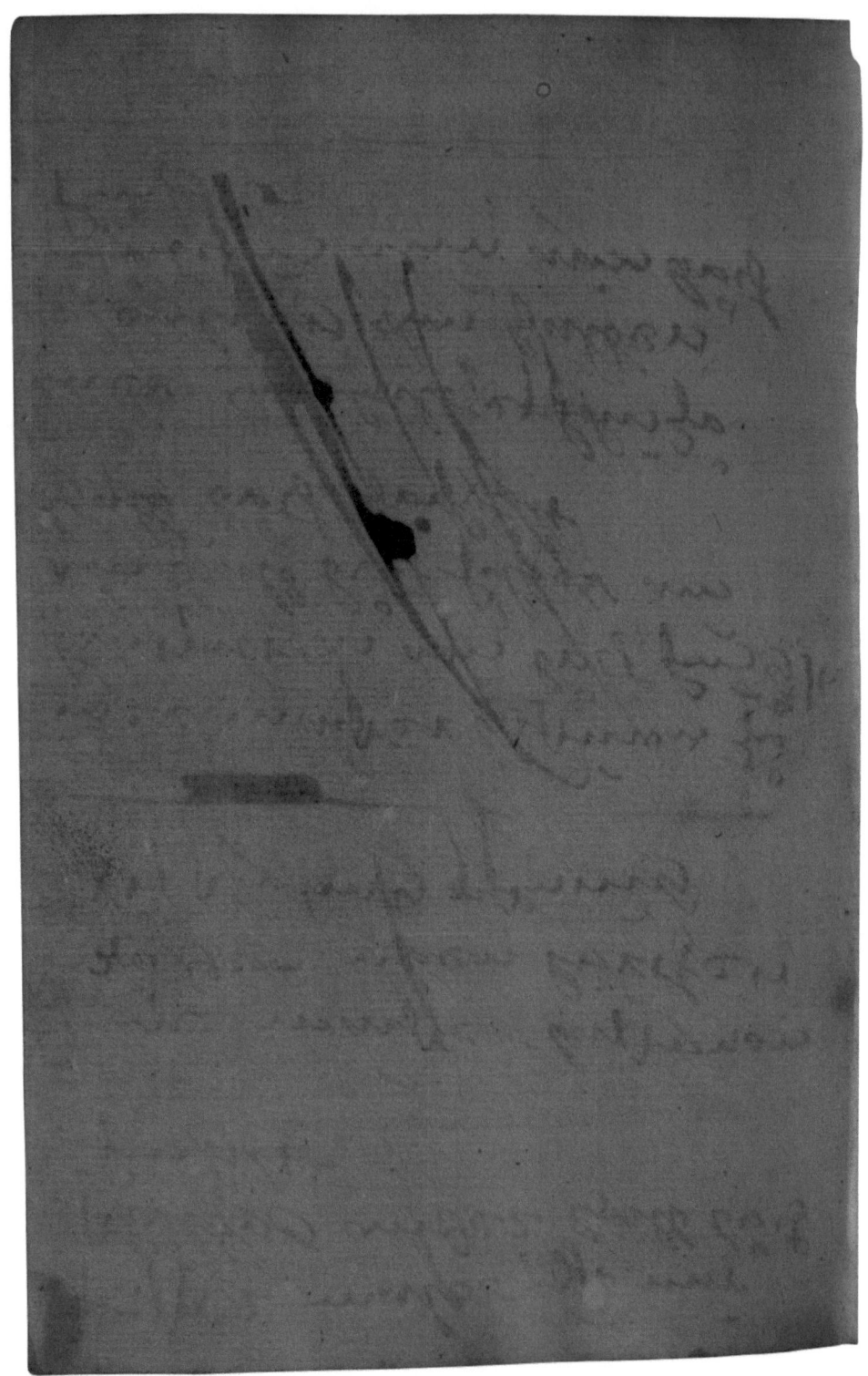

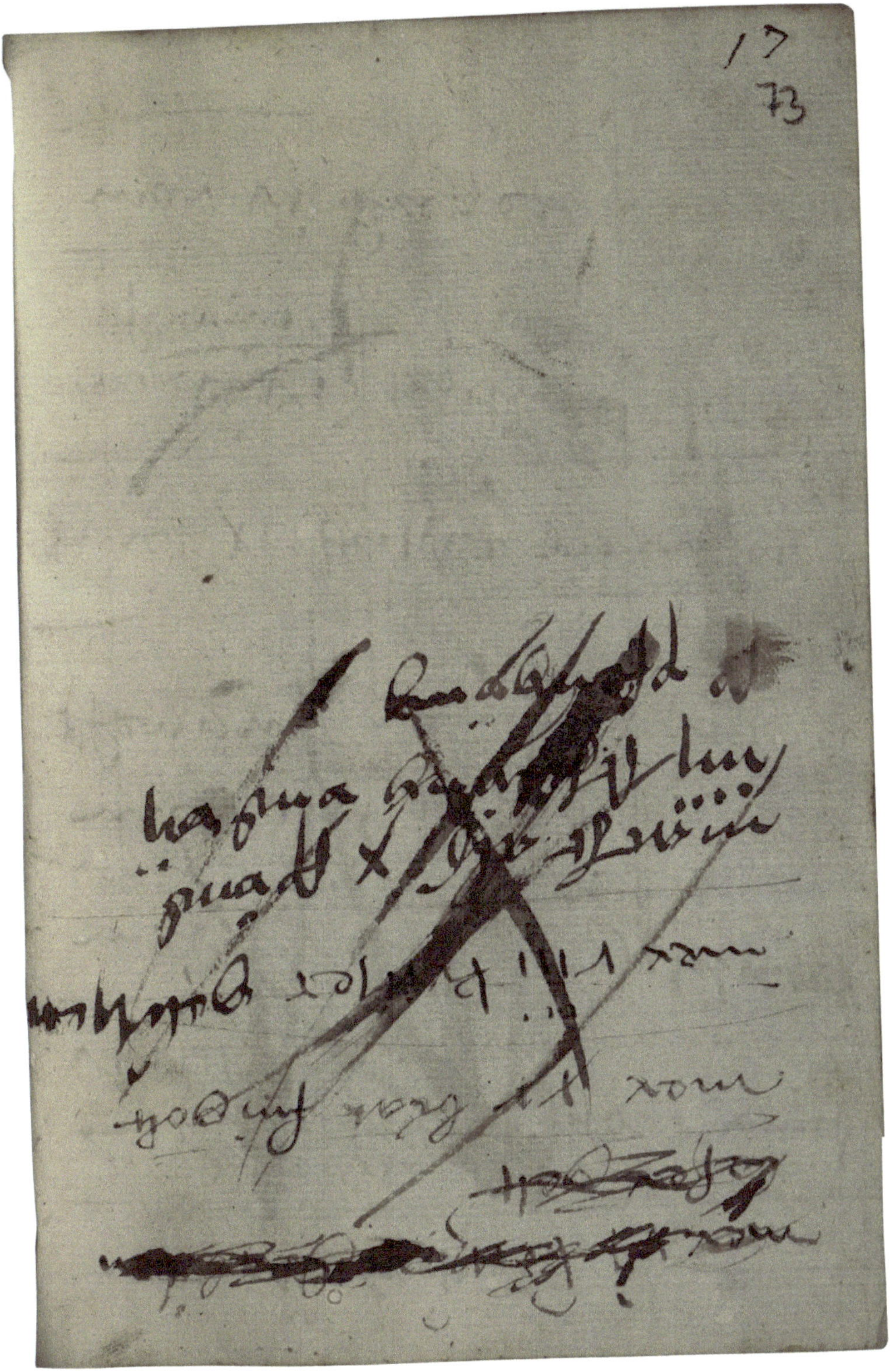

17 recto

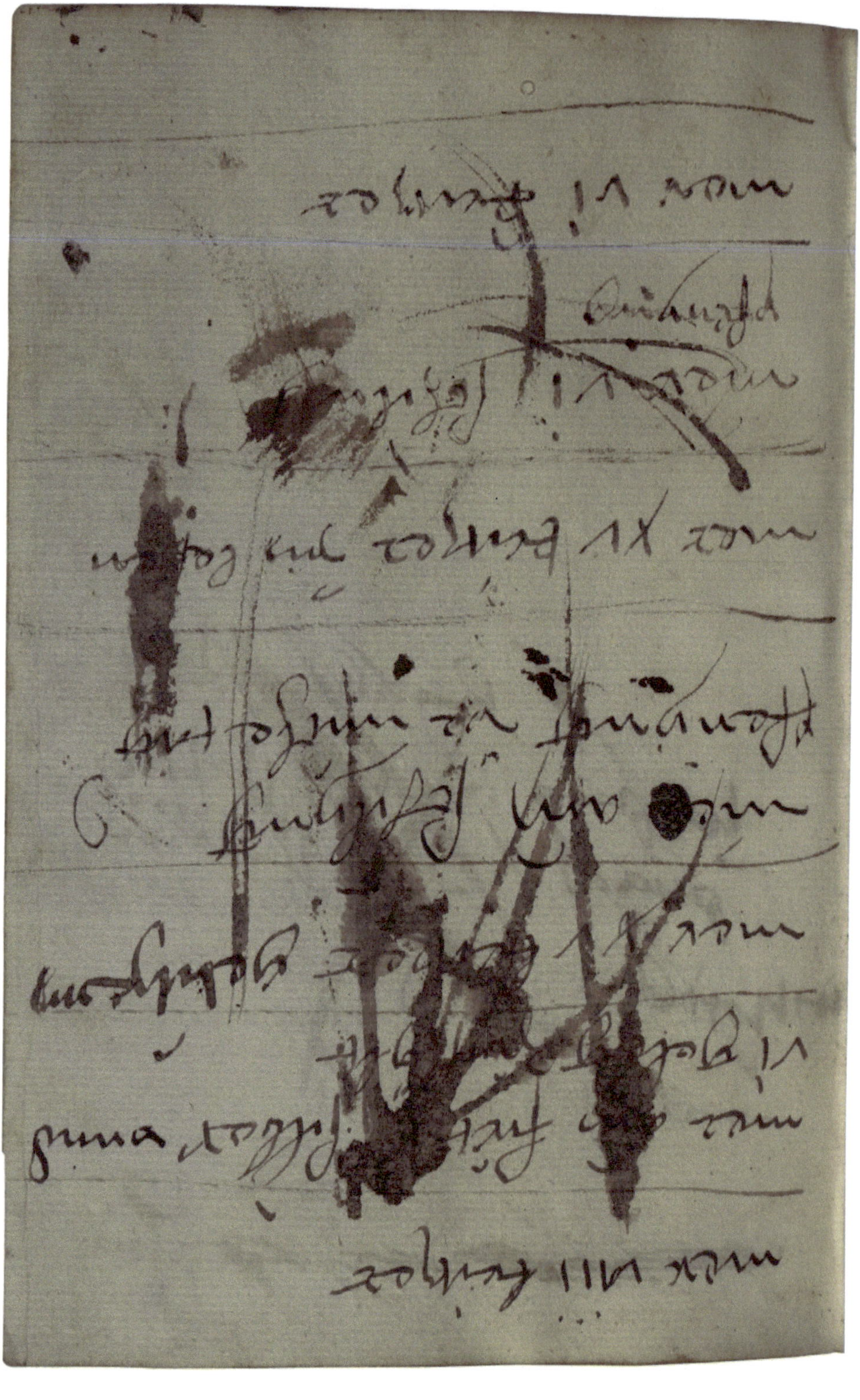

mer viii keitzer

mer [illegible] fret [illegible] selber vnnd
vi gel[illegible]

mer [illegible] gelihem

mer ain schilingt
pfeningt [illegible]

mer xv keitzer pis la[illegible]

mer vi schil[illegible]
pfeningt

mer vi keitzer

17 verso

Dar nach hat er der
frawen geliehen iij
schilling pfennig

mer hat er jr geben
ain fieckel silber vnd
ain spitzel fürspan an
juncker frawen abent
geböert

mer am tag hat er
geliehen zu küchen
ain mentag Dar nach
hat er jm geliehen
ain halben gulden

mer ain j schilling pfennig
am autag vor dez heilig
kreütz tag

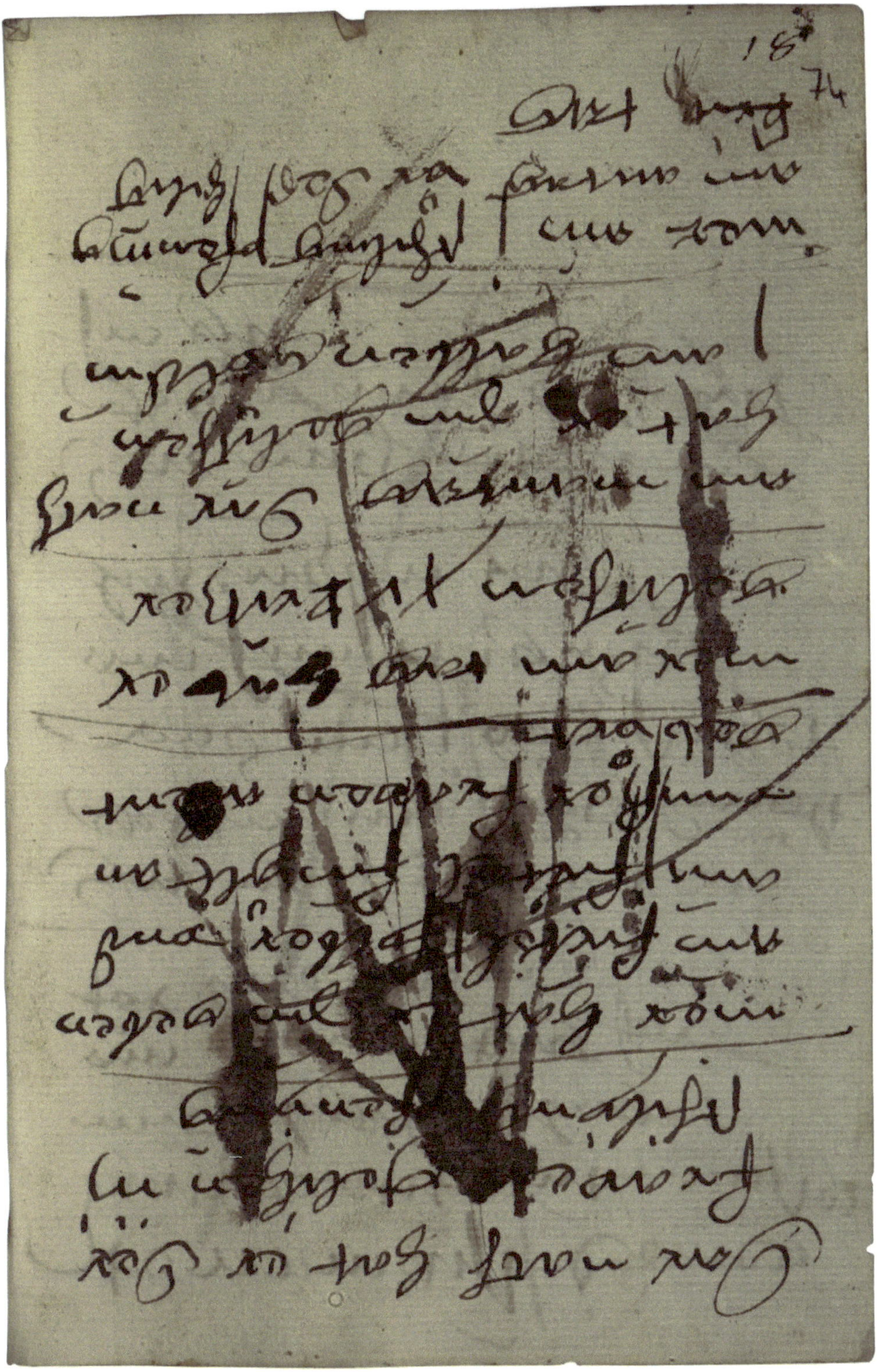

Herr maist Domen
hat verait mit maister
michel goltschlager
am mantag vor
vor lacientzen

Das mal hat er jm
geben am j böch smolt
und am j böch silber
am samstag nach
lacientzen tag

Das mal hat er jm
geben am j halb böch
smolt

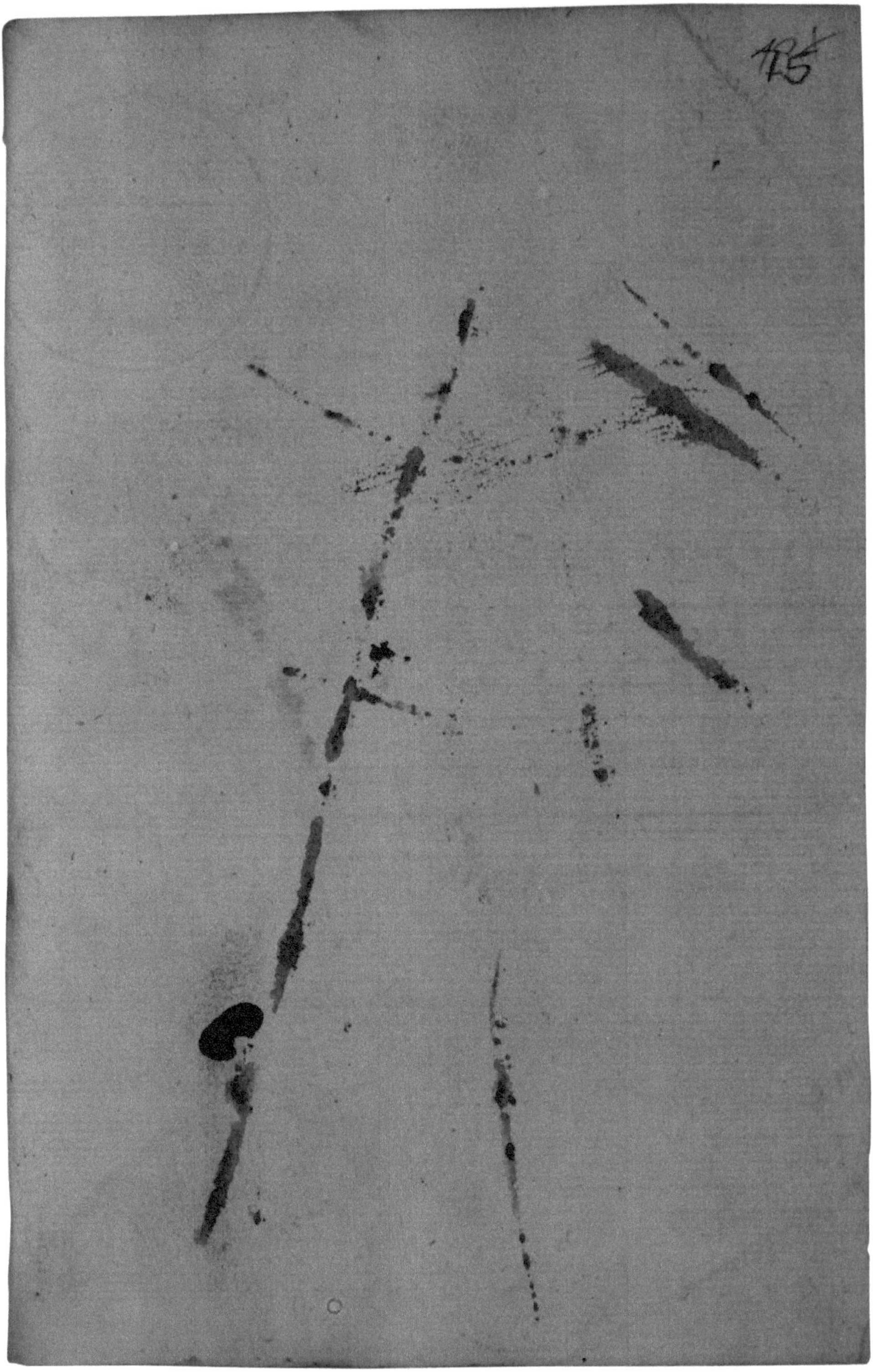

19 recto

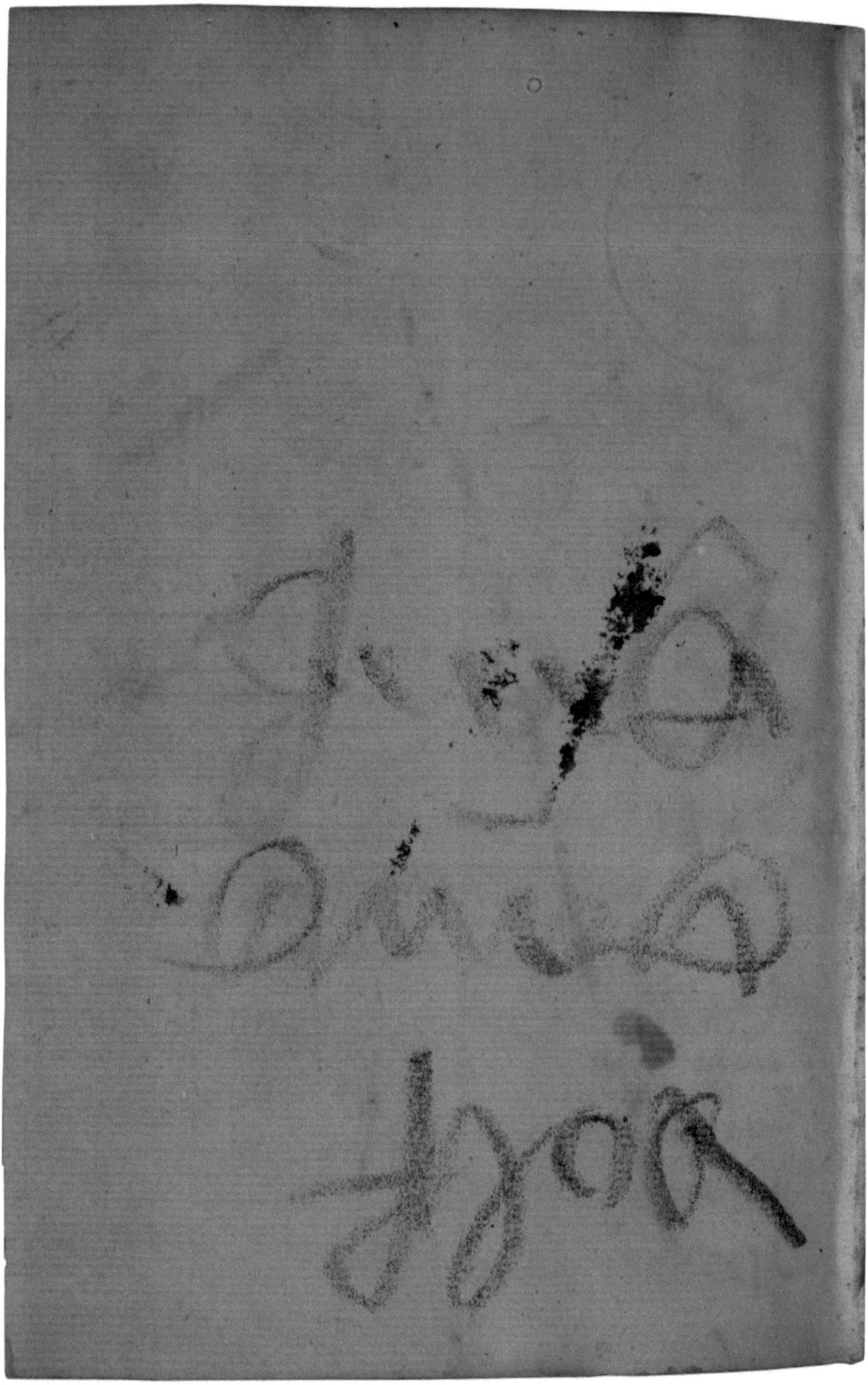

www.ingramcontent.com/pod-product-compliance
Lightning Source LLC
Chambersburg PA
CBHW040817200526
45159CB00024B/3012
* 9 7 8 1 4 9 7 4 5 1 6 5 0 *